Un viaje infinito

Corporación
América Airports

Un viaje infinito

Corporación América Airports

Textos de Martín Eurnekian, Víctor Hugo Ghitta,
Lucas Pérez Monsalvo & Marcelo Minoliti
Edición de Fotografía de Julián Bongiovanni & Oscar Riera Ojeda
Editado por Víctor Hugo Ghitta, Jorge Rosales
& Oscar Riera Ojeda

OSCAR RIERA OJEDA
PUBLISHERS

ÍNDICE

010 **UNA VISIÓN TRANSFORMADORA**
MARTÍN EURNEKIAN

012 **EL PASAJERO EN
EL CENTRO DE LA ESCENA**
LUCAS PÉREZ MONSALVO

014 **UNA REALIDAD PARALELA**
MARCELO MINOLITI

018 **LAS PUERTAS DEL CIELO**
VÍCTOR HUGO GHITTA

AEROPUERTOS
022 ARGENTINA
106 ARMENIA
126 BRASIL
138 ECUADOR
158 ITALIA
168 URUGUAY

194 **APÉNDICE**

200 **CRÉDITOS**

UNA VISIÓN TRANSFORMADORA

POR MARTÍN EURNEKIAN

Con el paso del tiempo, los aeropuertos han dejado de ser simples puntos de tránsito para convertirse en el comienzo de una experiencia de viaje (de turismo, negocios, visitas familiares, etcétera). Esta evolución ha llevado a quienes gestionamos aeropuertos a transformar nuestra forma de operar: colocamos al pasajero en el centro de todas las decisiones y adaptamos nuestras instalaciones a esta nueva realidad.

Este libro retrata en imágenes los aeropuertos que operamos a través de Corporación América Airports en seis países de América latina, Europa y Asia. Cada fotografía captura la esencia y la historia de nuestra organización. Construimos así un recorrido visual por terminales de todo el mundo, cada una con sus características únicas y su valor estratégico en la red global de transporte aéreo.

Somos el mayor operador aeroportuario del mundo: Corporación América Airports gestiona aeropuertos en ciudades tan dinámicas como Buenos Aires, Brasilia y Montevideo. Estamos en la histórica región del Renacimiento, con terminales en Florencia y Pisa; en el cruce estratégico entre Europa y Asia, con el moderno aeropuerto de Zvartnots, en Armenia, y en lugares de incomparable belleza natural, como las Islas Galápagos, donde la terminal fue diseñada bajo estrictos criterios de sostenibilidad para preservar su biodiversidad única.

Cada terminal no solo facilita el tránsito de millones de pasajeros, sino que también impulsa el desarrollo económico y social en la región donde está ubicada.

El crecimiento y la evolución de nuestra empresa han sido posibles gracias a la visión transformadora de nuestro fundador, Eduardo Eurnekian. Hemos superado numerosos desafíos y nos hemos adaptado a las cambiantes demandas del sector, siempre enfocados en la excelencia, la seguridad operativa y las necesidades de nuestros pasajeros y socios estratégicos.

La innovación ha sido uno de los pilares fundamentales en la estrategia de Corporación América Airports. La compañía ha implementado soluciones inteligentes en sus terminales, aprovechando al máximo los avances de la tecnología: desde sistemas automatizados de gestión de equipaje hasta herramientas de inteligencia artificial para optimizar el flujo de pasajeros y mejorar la seguridad. Estas iniciativas mejoran la eficiencia operativa y, sobre todo, ofrecen una experiencia de viaje más fluida y personalizada para cada pasajero.

Sabemos, sin embargo, que la industria aeroportuaria enfrenta desafíos significativos de cara al futuro. La necesidad de reducir las emisiones de carbono y adoptar prácticas más sostenibles es uno de los retos más urgentes, especialmente en un contexto donde la expansión del tráfico aéreo global continúa en aumento. En cada uno de nuestros aeropuertos trabajamos incansablemente para minimizar el impacto ambiental, implementando prácticas sostenibles y promoviendo la adopción de energías renovables y la optimización de recursos. Creemos firmemente que el desarrollo económico y la preservación del medio ambiente no solo pueden coexistir, sino que deben complementarse.

Nuestra visión es clara: ser líderes globales en la operación aeroportuaria, brindando experiencias de viaje inigualables y contribuyendo al desarrollo sostenible de las regiones donde operamos. El éxito de nuestra organización se sustenta en la dedicación y profesionalismo de nuestros equipos de colaboradores, cuya entrega nos permite enfrentar los desafíos con confianza y aprovechar cada nueva oportunidad de crecimiento.

EL PASAJERO EN EL CENTRO DE LA ESCENA

POR LUCAS PÉREZ MONSALVO

En los últimos veinte años, el concepto de qué se espera de una terminal aérea ha evolucionado enormemente en términos de funcionalidad, expectativas de los pasajeros e imagen. Hay un cambio de paradigma respecto de cómo se piensan los aeropuertos.

Los cambios vertiginosos ocurridos en la industria y los avances en la tecnología se han naturalizado. No es algo exclusivo de la aviación: todas las industrias son moldeadas por avances constantes y cada vez más acelerados. La respuesta necesaria para adaptarse a esa evolución es la innovación.

A lo largo de los últimos veinticinco años, los equipos de Corporación América Airports se han desarrollado a la par de la industria.

Para quienes diseñan las terminales de pasajeros, el desafío es comprender la dimensión humana de este nuevo escenario: el pasajero es hoy el centro de la experiencia. Sus demandas no difieren demasiado de las tendencias globales que se observan en otros ámbitos: conexión emocional, afinidad con la interacción *self-service* y digital e híper personalización.

Buscamos aprovechar al máximo el desarrollo tecnológico, para crear una experiencia del pasajero más fluida, positiva y segura. Una experiencia que los operadores diseñamos y los pasajeros controlan y disfrutan.

Ser anfitriones en diferentes regiones (de Buenos Aires a Florencia y de Brasilia a Galápagos) nos ha llevado a expresar en el diseño el sabor local, teniendo en cuenta la geografía, el paisaje, la cultura, el arte y sus materiales. Esta presencia global nos permite, además, apoyar programas sociales y culturales junto a comunidades y marcas locales.

Las experiencias positivas que generamos como diseñadores y operadores alejan a nuestros pasajeros del estrés y los acercan más a una mejor experiencia de viaje. Nuestro propósito es que comience desde el ingreso a nuestras terminales.

Sabemos que el desafío es muy difícil, porque las terminales aéreas se diseñan con una capacidad proyectada mínima de diez años, de modo que esa proyección en el futuro nos obliga a entender cuáles van a ser los requerimientos operativos que exigirá la innovación tecnológica. Esta incertidumbre se resuelve creando estructuras flexibles y modulares que se adapten a los cambios e inclusive que puedan ser intercambiables.

Lo que sí sabemos sobre el futuro, en cambio, es algo que ya está entre nosotros: a la experiencia del usuario, que se sitúa en el centro de nuestra operación, se suma el compromiso con la sustentabilidad ambiental. Es una demanda que será cada día mayor en un contexto especialmente desafiante.

Aeropuertos e industria deben ser cada vez más responsables en la gestión ambiental. Reducir la huella de carbono; gestionar con eficiencia la energía, el agua y los residuos; utilizar energías renovables, son todos compromisos que nuestro grupo no puede eludir y constituyen parte irrenunciable de los valores de la compañía y de sus objetivos estratégicos.

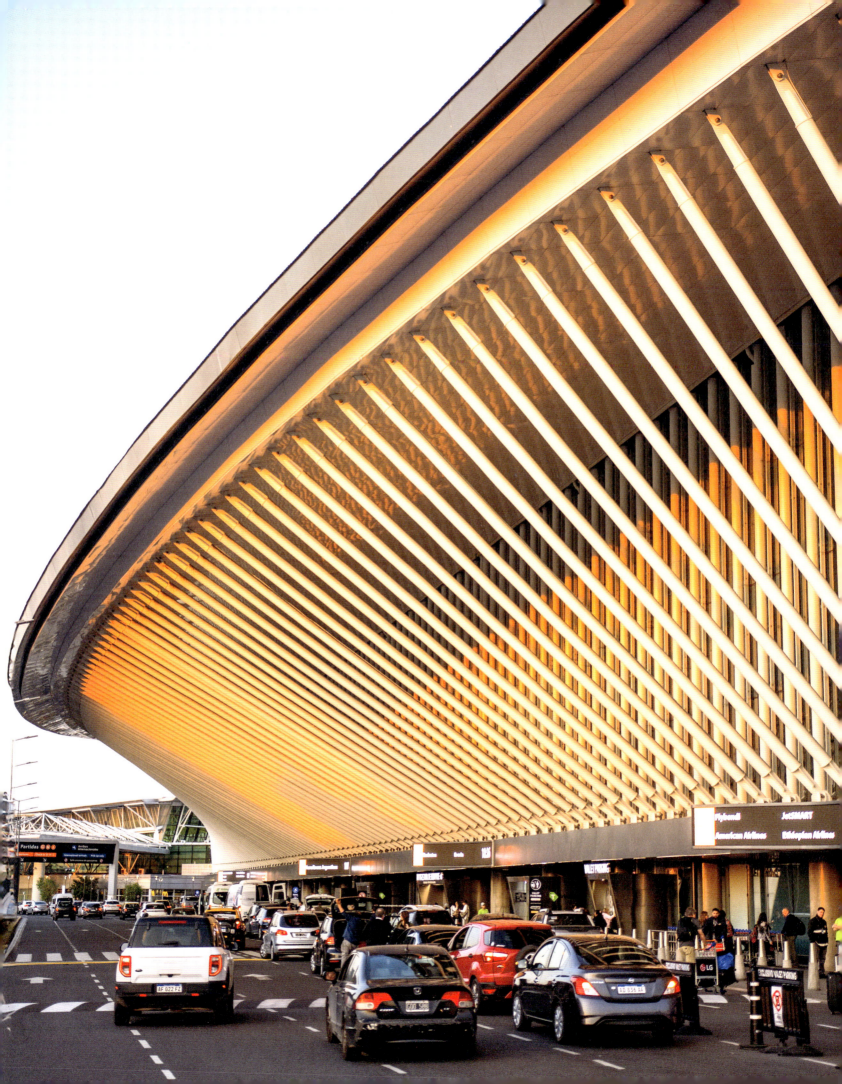

UNA REALIDAD PARALELA

POR MARCELO MINOLITI

Los aeropuertos son territorios auténticamente propios y definitivamente ajenos. No son tan solo lugares de paso o centros de transferencia; no son respuestas aisladas ni un edificio más con una función preestablecida. Son un sistema funcional, una suerte de realidad paralela, que opera en relación con otros sistemas funcionales, generando espacios de eficiencia operativa y lugares de encuentro, quizá de relax o de trabajo. Son escenario de despedidas (el llanto del adiós) y de reencuentros (el llanto de la bienvenida).

Los pasajeros cambian de medio de transporte, de estado de ánimo, de huso horario, de idioma, de clima. Cambian olores, sensaciones, lugares y temperaturas. El aeropuerto nos invita a entrar y salir de él, a permanecer y esperar, a llegar y partir; procura que los pasajeros se sientan partícipes de una experiencia, que se apropien del lugar.

La arquitectura aeroportuaria requiere la gestión de una complejidad única. Hay que entender de manera sistematizada, y en el mejor de los casos dominar, los cambios de escala. Pasamos del diseño de ambientes de grandes dimensiones, por donde circulan miles de personas, al diseño del mueble de *check in*, donde se genera una relación uno a uno: dos personas frente a frente en un proceso que se reitera miles de veces por día. Nunca uno es igual al otro.

Los aeropuertos pertenecen a ciudades y países. Cada uno busca reflejar la identidad local. Sin embargo, por su naturaleza, deben ser espacios globales y multiculturales: lugares accesibles y funcionales donde lo local se fusiona con lo genérico. En su diseño, deben ser claros y evidentes, para crear una experiencia espacial en la que la singularidad local se mantenga en equilibrio con las necesidades del tránsito internacional.

Deben ser espacios inclusivos en los que se promueva y facilite la multiculturalidad y la interacción entre personas. Pero esa multiculturalidad no se limita simplemente a señalizaciones en distintos idiomas, sino que se manifiesta en un entorno que necesita ser accesible y comprensible para la diversidad de públicos que lo transitan, para toda esa multiplicidad de "clientes" anónimos.

Claro que no todo el mundo siente y vive esos espacios de la misma manera. Cada usuario lo hace de un modo singular. Se trata de experiencias en apariencia similares, aunque en realidad cada pasajero tiene una experiencia distinta. A veces, esas diferencias son muy sutiles, apenas perceptibles, y es precisamente esa diversidad, siempre dinámica y cambiante, la que debe ser atendida por el diseño.

Se trata de una arquitectura diseñada para perdurar en el tiempo, lo que representa un desafío complejo, dado que está al servicio de espacios de tránsito. Esto se debe no solo a que esa es la función principal de una terminal aérea, sino también a que carece de habitantes permanentes; su público es, por naturaleza, transitorio. Sin que importe su origen, cada persona, de alguna manera, contribuye a moldear cómo se vive y se experimenta ese lugar.

Los pasajeros se apropian del espacio, disfrutándolo en ocasiones, aunque a veces deban sobrellevar contratiempos. Es entonces cuando se ponen a prueba las ideas: aquello que fue concebido como proyecto arquitectónico debe demostrar si cumple, o no, con su propósito.

Esa paradoja del usuario, que vive ese lugar como propio durante el tiempo en que lo utiliza, exige respuestas de diseño que respondan a una variedad de intereses y necesidades. Aunque parezca insignificante, esa es la esencia del lugar. Se trata de proyectar para alguien que, tal vez, regresará en otro momento, en una situación distinta, con una actitud y necesidades nuevas.

El mayor desafío del diseño aeroportuario es que el espacio responda a ese vasto, y con frecuencia complejo, universo de demandas.

LAS PUERTAS DEL CIELO
POR VÍCTOR HUGO GHITTA

Pasaron más de ochenta años y, sin embargo, cuando pensamos en un aeropuerto nos viene a la mente, de modo casi irrenunciable, la escena final de *Casablanca*. Todos recordamos el rostro milagroso de Ingrid Bergman a la hora de la despedida, cuando escucha a Rick, el memorable personaje de Humphrey Bogart, decirle que debe subirse al avión a hélice que la espera en la plataforma desnuda de un aeródromo de Marruecos, dejando atrás a ese hombre del que sigue enamorada.

La acción transcurre durante la Segunda Guerra Mundial; en ese entonces, Casablanca era un punto de tránsito clave para los refugiados que huían de la Europa ocupada por Hitler. Cuando se conocieron, ella creía que su marido, miembro de la resistencia, había sido asesinado por los nazis. Rick entró en su vida como un refugio, y aunque el romance tuvo sus borrascas, quedó el recuerdo de los días luminosos que habían compartido en la capital francesa. La escena del adiós, que es la que nos importa, trae impregnada la pista brumosa donde todo sucede. Bogart –sombrero alado y piloto, la mirada imperturbable– deja caer una frase extraordinaria:

–Siempre nos quedará París.

No hay un adiós que perdure tanto como este en la memoria del mundo.

Cualquiera que haya pisado un aeropuerto se habrá sentido alguna vez conmovido por las despedidas. En ese umbral que separa la realidad del ensueño, a pocos pasos de la sala de embarque, el aeropuerto se convierte en escenario de intensas pasiones.

A veces, el sentimiento de desgarro se expresa en una mirada sutil y contenida como la de Ingrid Bergman en *Casablanca*; otras, familias enteras despliegan un histrionismo que es digno de una *commedia all'italiana*. Padres y madres se estrechan en abrazos interminables con sus hijos, los amantes se besan con ardor como si no hubiera un mañana, los niños se ríen a carcajadas, contagiados de la excitación del viaje.

Una muchacha se despide en una red social de su amante una vez que este ha partido. "Hay un elefante en el aeropuerto" –escribe–, "hay un elefante en la habitación, hay un elefante mirando cómo nos abrazamos, hay un elefante en todos lados mientras nos despedimos, un elefante al que no queremos nombrar y que es sencillamente el miedo al olvido".

Cuando el tiempo se ha estirado demasiado y comienza a corroer el alma la melancolía, el temor a ser olvidados se disuelve con el reencuentro. Y entonces se repiten las escenas con idéntico pudor o con los mismos fervores.

Nos hemos extrañado, a pesar de que nuestro modo de viajar (y de extrañar) es ahora tan distinto al de nuestros padres y abuelos. Compartimos *selfies* y mensajes instantáneos que han reemplazado las postales y las cartas de antaño, y enviamos audios y videos en tiempo real, de tal manera que los destinatarios de esa "correspondencia" viajan un poco con nosotros.

Se trata de una dimensión emocional que a menudo pasa desapercibida, porque en la antesala del viaje solemos estar enfrascados en los trámites de embarque y, a veces, debemos admitirlo, con las inquietudes que preceden al vuelo. Estamos en tránsito, algo ajenos a la realidad que nos rodea, o mejor, en un limbo existencial que se parece al que aqueja a los personajes de las novelas de Haruki Murakami: estamos en el aeropuerto, pero de algún modo estamos ya en otra parte; estamos en la quietud de la espera y, sin embargo, estamos en movimiento.

Han cambiado los rituales del viaje y, también, los espacios donde todo sucede. La industria aeroportuaria ha hecho lo suyo para desmentir aquella vieja idea del antropólogo Marc Augé según la cual los aeropuertos son espacios sin marcas de identidad, lugares de tránsito donde la vida queda en suspenso. Desde hace años, cada aeropuerto ofrece a sus pasajeros un menú de experiencias mucho más amplio que el de pollo o pasta. Los grandes aeropuertos del mundo, la mayoría de ellos situados en ciudades de Asia, como los de Singapur y Doha, por ejemplo, ofrecen mucho más que gastronomía y tiendas libres de impuestos.

Están a disposición del viajero cines, teatros, centros de relax, conciertos. Algunas de esas experiencias son la sala de exhibiciones del aeropuerto de Schiphol, en Amsterdam, que reúne obras pertenecientes al Rijksmuseum; el monumental jardín de mariposas de Changi, en Singapur; los talleres de artesanía tradicional en Incheon, Seúl, o los de caligrafía y origami en Narita, Tokio.

En Buenos Aires, en el aeropuerto de Ezeiza, deslumbra el *Sol* de Julio Le Parc, un móvil de grandes dimensiones diseñado por el maestro del *op-art* y el arte cinético, prueba de la integración del arte en los espacios públicos.

En muchos casos, los edificios de las terminales superan con creces los requerimientos funcionales de una estación aérea: son verdaderas joyas que honran una tradición arquitectónica en la que se anotan nombres como los de Norman Foster o Eero Saarinen. Sobran ejemplos: el lector encontrará en este volumen el de Zvartnots, en la ciudad armenia de Yerevan, diseñado por Arthur Tarkanian en 1961, una obra temprana de la modernidad que fue actualizándose hasta hoy.

El otro desafío que afronta el sector aeroportuario es la sostenibilidad y la gestión medioambiental. Es un verdadero reto para una industria que por su naturaleza tiene un fuerte impacto en el entorno. Sin embargo, muchos aeropuertos de última generación ya han sido diseñados con prácticas y tecnologías enfocadas en la sostenibilidad y protección del medio ambiente: son los casos de Hamad, en Catar; Indira Gandhi, en Nueva Delhi, India; Changi en Singapur y Seymour en las Islas Galápagos. Pero la tarea recién comienza.

En algunos casos, esta evolución dio como resultado verdaderas ciudades. La sociología acuñó un nuevo término para referirse a este fenómeno urbano: las llama *aerotrópolis*, ciudades que se extienden radialmente en torno a los aeropuertos.

John Kasarda, un experto que investiga estos temas en la Universidad de Carolina del Norte, Estados Unidos, señala con agudeza que los aeropuertos están dando forma al desarrollo urbano y el comercio en el siglo veintiuno de la misma manera en que lo hicieron las autopistas en el siglo veinte, los ferrocarriles en el diecinueve y los puertos en el dieciocho.

Esa transformación avanza a un ritmo vertiginoso, impulsada por la tecnología. Hoy, basta con un teléfono móvil en la mano para acceder a servicios de geolocalización, mapas interactivos, conexiones de alta velocidad, sistemas de biometría y reconocimiento facial, e incluso experiencias de realidad aumentada. En aeropuertos como Incheon, en Seúl, los pasajeros son asistidos con eficiencia y precisión por robots.

Sin embargo, en medio de estas maravillas digitales, persisten las emociones más humanas: la conmoción íntima de partir y el profundo alivio de regresar a casa. Son esas emociones, al fin y al cabo, las que nos definen como personas cuando estamos, también, en el aeropuerto, atrapados entre el vértigo y la ansiedad, pero además conmovidos, listos para una nueva aventura, a las puertas del cielo.

ARGE

NTINA

024 **CIUDAD AUTÓNOMA DE BUENOS AIRES**

036 **SAN CARLOS DE BARILOCHE, RÍO NEGRO**

042 **COMODORO RIVADAVIA, CHUBUT**

052 **CIUDAD DE CÓRDOBA, CÓRDOBA**

058 **EZEIZA, BUENOS AIRES**

084 **PUERTO IGUAZÚ, MISIONES**

090 **CIUDAD DE MENDOZA, MENDOZA**

096 **SAN SALVADOR DE JUJUY, JUJUY**

104   OTROS AEROPUERTOS ARGENTINOS

Ciudad Autónoma de Buenos Aires

Aeroparque Internacional Jorge Newbery

El Aeroparque Jorge Newbery, situado a sólo 7 km del centro de Buenos Aires, tiene un fuerte valor estratégico por su ubicación privilegiada, que permite el acceso rápido a ejecutivos, políticos y viajeros que buscan disfrutar de la ciudad. Además, es un enlace relevante con otros destinos turísticos del país.

Puerto Madero y Reserva Costanera Sur

Obelisco

Ciudad Autónoma de Buenos Aires

Ciudad Autónoma de Buenos Aires

032 | Un viaje infinito

San Carlos de Bariloche
Río Negro

Aeropuerto Internacional Tte. Luis Candelaria

Puerta de acceso a la región de los lagos patagónicos, el aeropuerto está a sólo 13 kilómetros de la ciudad de San Carlos de Bariloche, una de las grandes atracciones del sur argentino. Las condiciones climáticas -nevadas intensas, formación de hielo y vientos cambiantes- suelen presentar importantes desafíos a la aeronavegación.

Vista del lago Nahuel Huapi desde el Cerro Llao Lao

San Carlos de Bariloche, Río Negro

Comodoro Rivadavia
Chubut

Aeropuerto Internacional Gral. Enrique Mosconi

Situado en una región de singular aridez, en la Patagonia argentina, y destino frecuente de viajeros locales y extranjeros, el aeropuerto de Comodoro Rivadavia tiene un gran valor estratégico para el desarrollo turístico de la región. Además, es clave en el impulso económico por su emplazamiento en el corazón de la industria petrolera argentina.

Guanacos en la costa oceánica

Cigüeña de un pozo petrolero

Comodoro Rivadavia, Chubut

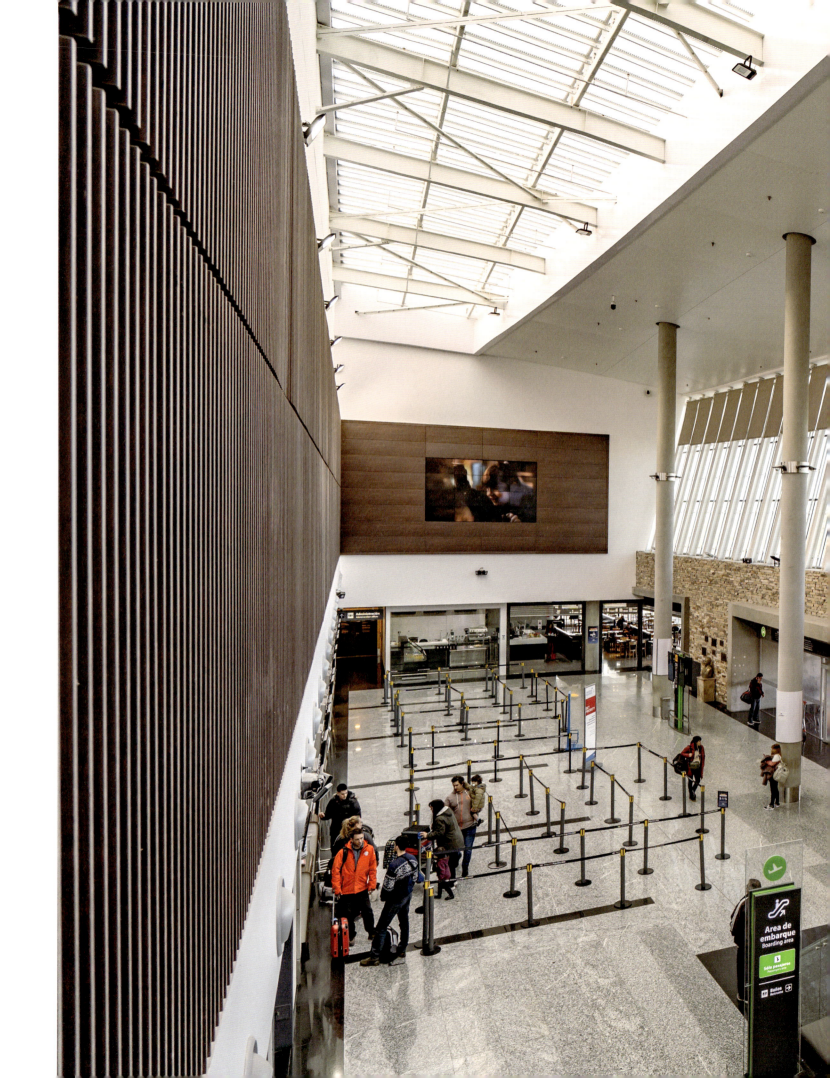

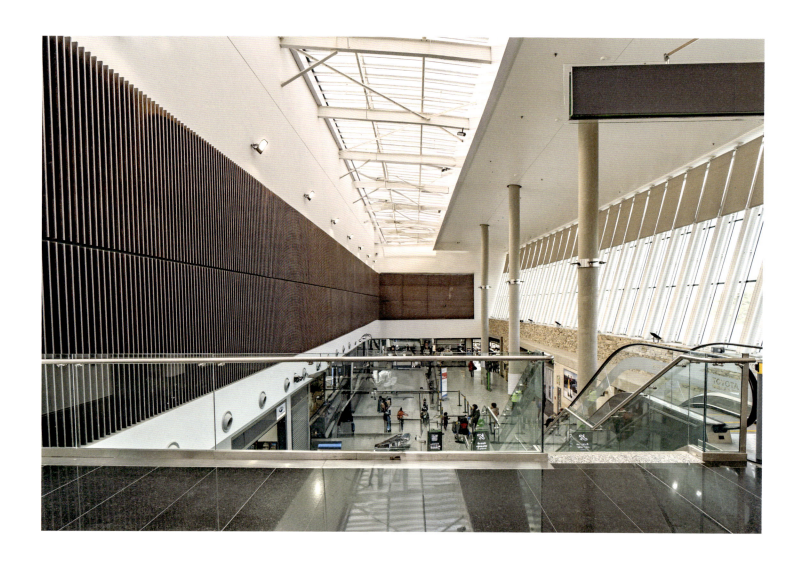

Comodoro Rivadavia, Chubut

Ciudad de Córdoba
Córdoba

Aeropuerto Internacional Ing. Ambrosio Taravella

Córdoba es un punto clave para la conexión regional y su aeropuerto le da impulso tanto al desarrollo económico como al turismo. La belleza de los escenarios naturales de la provincia, como Traslasierra, el Valle de Punilla o las Altas Cumbres, atrae cada año a miles de visitantes tanto de la Argentina como del resto del mundo.

Santa Rosa de Calamuchita

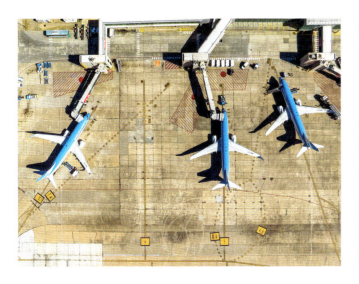

Ciudad de Córdoba, Córdoba

Ezeiza
Buenos Aires

Aeropuerto Internacional Ministro Pistarini

Ezeiza, puerta de ingreso a la pujante ciudad de Buenos Aires, conecta a la capital con el resto del mundo, recibiendo cada día a cientos de miles de viajeros que llegan seducidos por su vibrante cultura, su clima de negocios y sus atractivos turísticos. La nueva terminal destaca por su diseño moderno y vanguardista, caracterizado por líneas limpias y formas fluidas que generan un ambiente acogedor y contemporáneo. Su estructura aprovecha grandes fachadas de vidrio que maximizan la entrada de luz natural.

Ezeiza, Buenos Aires

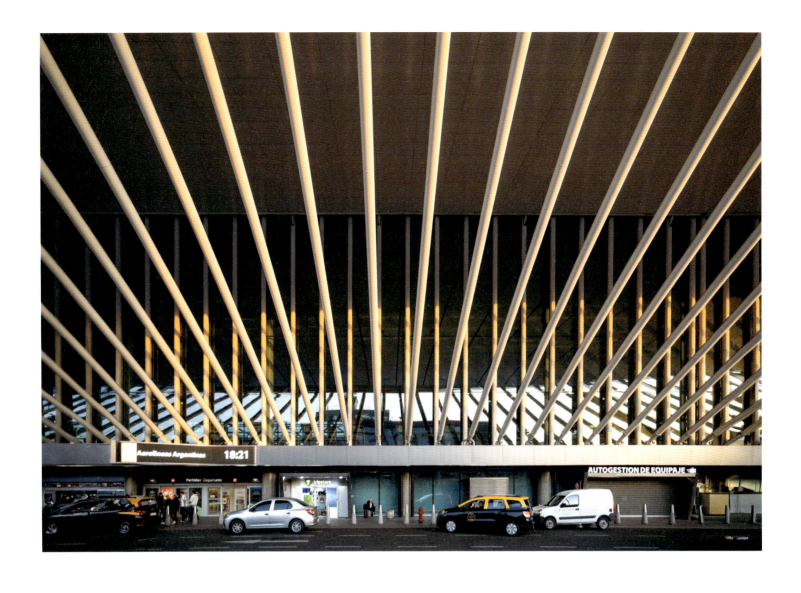

064 | Un viaje infinito

El *Sol* de Julio Le Parc, el gran maestro argentino del *op-art* y el arte cinético, está emplazado en el corazón de la terminal. Es el móvil de mayor dimensión creado por el artista: tiene 2.913 piezas de acero inoxidable y pesa 2.100 kilos.

Ezeiza, Buenos Aires

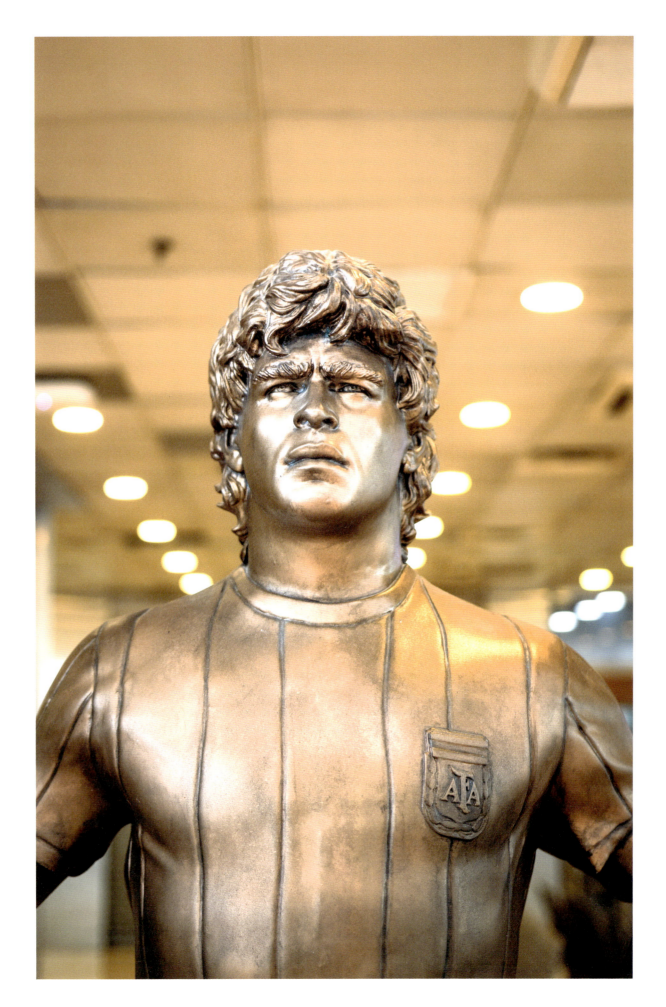

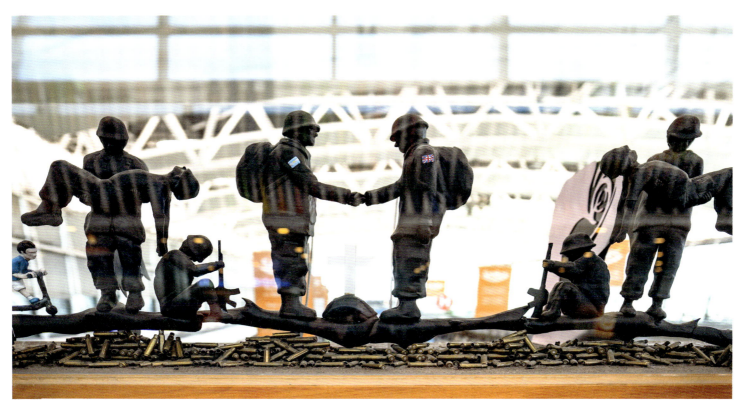

Tres obras rinden homenaje a temas y figuras esenciales de la Argentina: Maradona, el bandoneón y los soldados caídos en la Guerra de Malvinas.

Ezeiza, Buenos Aires

078 | Un viaje infinito

Ezeiza, Buenos Aires

Ezeiza, Buenos Aires

Puerto Iguazú
Misiones

Aeropuerto Internacional Cataratas Del Iguazú

Próximo a las fronteras del Brasil y Paraguay, Iguazú es un punto de conexión importante para el turismo internacional. El aeropuerto está a pocos kilómetros de las Cataratas del Iguazú, atracción turística que es visitada anualmente por casi dos millones de personas. Son consideradas como una de las siete maravillas naturales del mundo.

Garganta del Diablo, Cataratas del Iguazú

Puerto Iguazú, Misiones

Ciudad de Mendoza
Mendoza

Aeropuerto Internacional El Plumerillo

Mendoza, próxima a la Cordillera de los Andes, es un destino muy valorado tanto por los aficionados a la rica tradición vitivinícola de la región como por los amantes del montañismo y la aventura. Su dinamismo económico es reforzado por sus productos agrícolas, algunos de exportación, como el aceite de oliva.

Viñedo en Luján de Cuyo

092 | Un viaje infinito

Ciudad de Mendoza, Mendoza

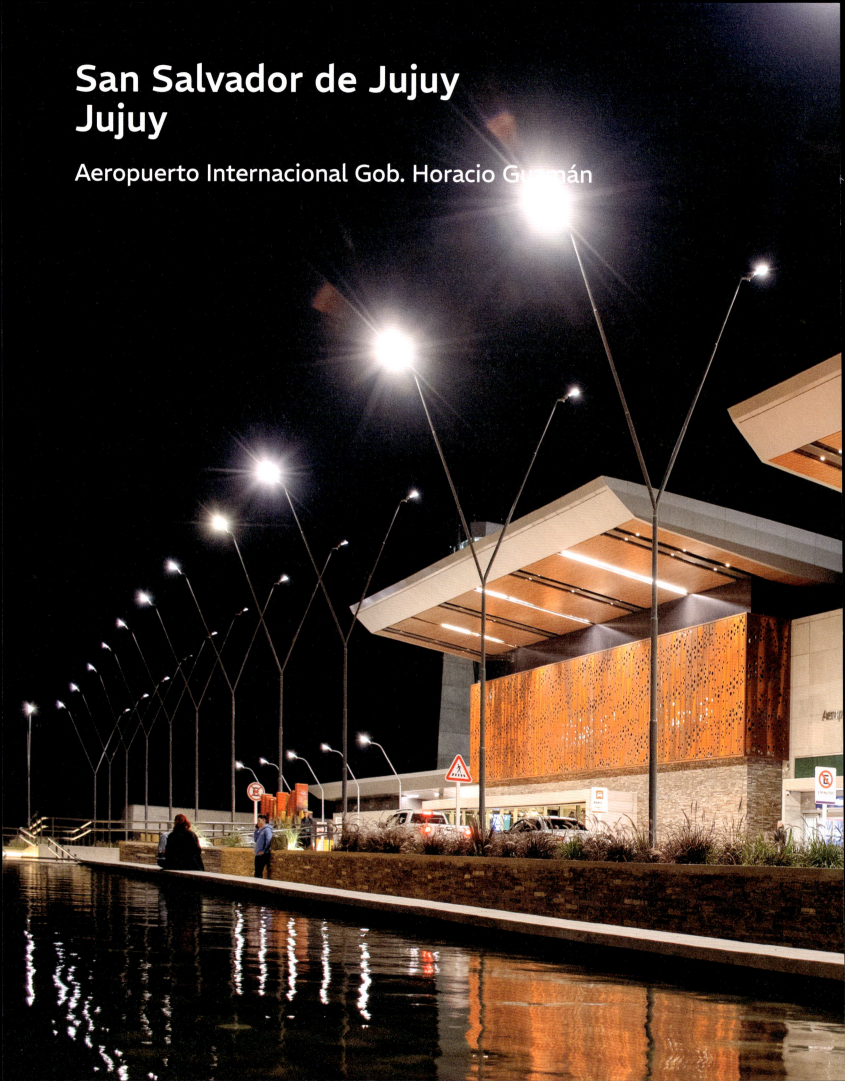

San Salvador de Jujuy
Jujuy

Aeropuerto Internacional Gob. Horacio Guzmán

Gracias a la belleza de sus paisajes, que abarcan sitios emblemáticos como la Quebrada de Humahuaca, Purmamarca y Tilcara, y al interés que suscita la rica cultura de los pueblos originarios, el aeropuerto de Jujuy se ha convertido en una importante puerta de entrada para numerosos viajeros de todo el mundo.

Cuesta de Lipán

Salinas Grandes

San Salvador de Jujuy, Jujuy

100 | Un viaje infinito

San Salvador de Jujuy, Jujuy

OTROS AEROPUERTOS ARGENTINOS

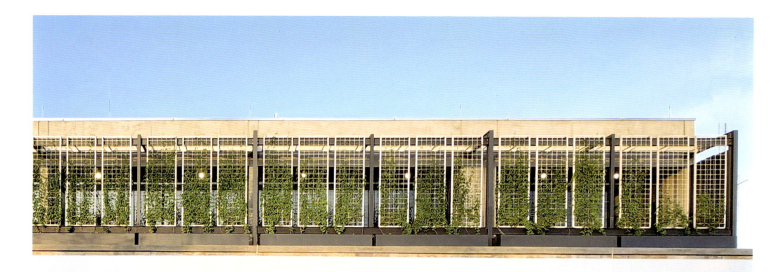

San Juan

Resistencia, Chaco

Salta

Catamarca

Santa Rosa, La Pampa

Río Grande

Mar del Plata

Puerto Madryn

ARME

NIA

108 YEREVAN

122 GYUMRI

Yerevan

Aeropuerto de Zvartnots

El aeropuerto de Zvartnots, una obra arquitectónica de singular belleza, se encuentra en una región reconocida por su diversidad cultural, lingüística y étnica. En sus cercanías, destacan lugares como el monasterio de Geghard, declarado Patrimonio de la Humanidad por la UNESCO, y el templo de Garni, un antiguo monumento helenístico. Esta singular construcción refleja la identidad cultural de Armenia, combinando elementos contemporáneos con formas y motivos que evocan la arquitectura medieval, como las iglesias y monasterios. Desde la terminal se pueden disfrutar vistas impresionantes del Monte Ararat, un símbolo cultural y religioso.

Yerevan

Yerevan

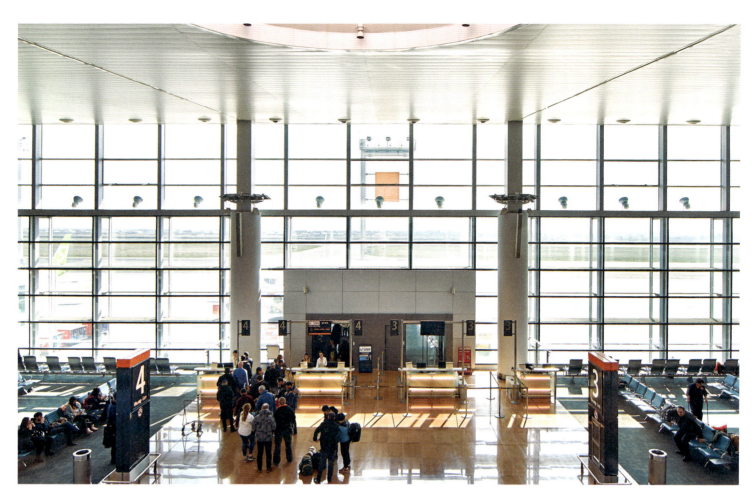

Yerevan

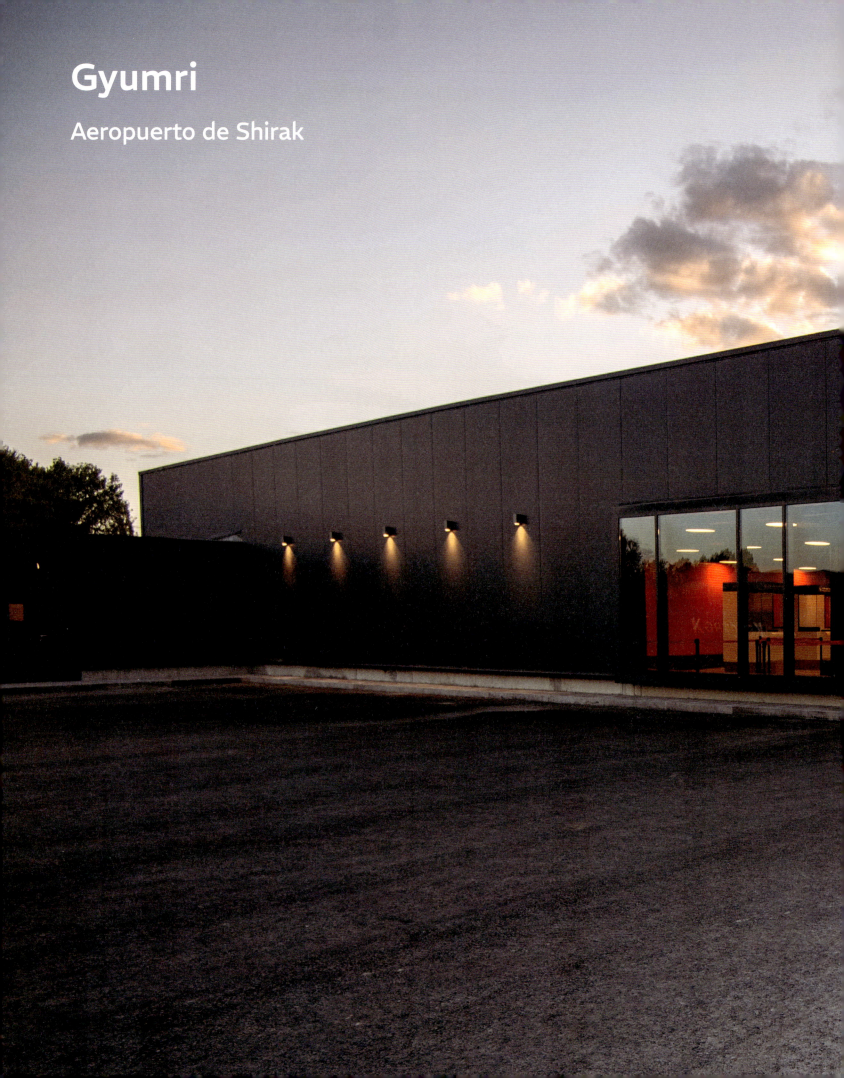

Gyumri

Aeropuerto de Shirak

124 | Un viaje infinito

Gyumri 125

BRASI

128   BRASILIA

Brasilia

Aeropuerto Internacional
Presidente Juscelino Kubitschek

Brasilia, frecuentemente visitada por viajeros del ámbito político y empresarial, es también un centro de interés para los amantes de la arquitectura modernista. El gran arquitecto Oscar Niemeyer dejó allí su huella en obras como el Palacio del Planalto, la Catedral Metropolitana y el Museo Nacional de las Artes.

Brasilia

Brasilia

ECUA

OOR

140 ISLAS GALÁPAGOS

148 GUAYAQUIL

Islas Galápagos

Aeropuerto de Seymour-Galápagos

El aeropuerto de Galápagos, verdadero ejemplo de preservación medioambiental, ha sido diseñado según los más estrictos criterios de sostenibilidad. La incorporación de luz natural, el uso de energías renovables y el adecuado tratamiento del agua y los deshechos contribuyen de manera significativa con la reducción del impacto ambiental.

Islas Galápagos

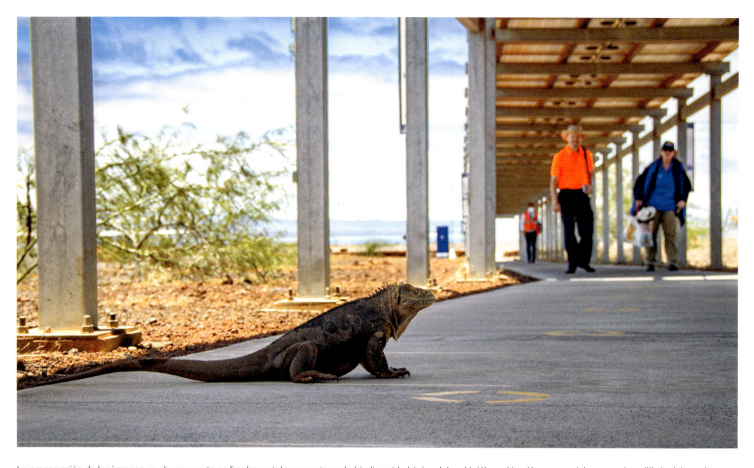

La preservación de las iguanas en el aeropuerto es fundamental para proteger la biodiversidad única del archipiélago. No sólo son cruciales para el equilibrio del ecosistema, sino que también son un símbolo cultural que atrae al turismo. El aeropuerto colabora con organizaciones ambientales para preservar el hábitat de las especies nativas.

Islas Galápagos

Guayaquil

Aeropuerto Internacional José Joaquín de Olmedo

Guayaquil

La incorporación de áreas verdes y vegetación en el diseño del aeropuerto de Guayaquil contribuye a la sostenibilidad ambiental. Estas áreas reducen la huella de carbono, mejoran la calidad del aire, regulan la temperatura y sirven como barreras naturales para mitigar el ruido.

154 | Un viaje infinito

Guayaquil

ITALIA

160 **FLORENCIA**

164 **PISA**

Florencia

Aeropuerto Amerigo Vespucci

Cuna del Renacimiento y una de las joyas de la Toscana, Florencia se destaca por su impresionante arquitectura y su rica herencia artística. Miles de turistas la visitan diariamente para disfrutar de atracciones icónicas como la Galería de los Uffizi y el Ponte Vecchio, así como de lugares cercanos tan pintorescos como Pisa o Siena.

Vista de la Catedral Santa María del Fiore, el Duomo.

Florencia

166 | Un viaje infinito

URUG

UAY

170   **MONTEVIDEO**

180   **CARMELO**

184   **PUNTA DEL ESTE**

188   **SALTO**

192   **RIVERA**

193   **MELO**

Montevideo
Aeropuerto Internacional de Carrasco

Diseñado por el aclamado arquitecto Rafael Viñoly, Carrasco se distingue por su diseño moderno y sostenible, que integra elementos arquitectónicos innovadores con el entorno natural. Viñoly ha enfatizado el uso de luz natural y espacios abiertos, creando un ambiente acogedor que optimiza la experiencia del viajero.

Plaza Independencia, Montevideo

Montevideo

La luz natural y las vistas panorámicas garantizan una experiencia placentera para los viajeros, transformando su paso por el aeropuerto en una parte memorable de su viaje.

Carrasco no sólo fue un hito en la carrera de Rafael Viñoly, sino también un aporte significativo para la arquitectura aeroportuaria en América Latina. Sus obras, como la terminal de salidas del JFK, en Nueva York, han sido a menudo consideradas experiencias espaciales con un fuerte carácter escultural.

Montevideo

Carmelo
Aeropuerto Internacional Balneario Zagarzazú

El aeropuerto de Carmelo, rodeado de viñedos, ha sido diseñado, principalmente, para vuelos privados, muchos de ellos de carácter comercial. Su cercanía a Buenos Aires lo convierte en una opción atractiva para turistas y ejecutivos que desean evitar el tráfico aéreo de terminales de mayor porte.

Carmelo

Punta del Este

Aeropuerto Internacional
C/C Carlos Curbelo de Laguna del Sauce

Punta del Este continúa siendo un destino favorito para los veraneantes que desean disfrutar de la tranquilidad de sus playas, así como para el *jet set* internacional. El aeropuerto es utilizado para vuelos charter y privados, lo que atrae a un segmento de turistas de alto poder adquisitivo en busca de una experiencia exclusiva en la ciudad.

Punta del Este

Salto
Aeropuerto Internacional Nueva Hespérides

Salto

RIVERA

Aeropuerto Internacional Presidente Gral. Óscar D. Gestido

MELO

Aeropuerto Internacional de Cerro Largo

APÉNDICE

COLABORADORES

JORGE ROSALES

Jorge Rosales es un periodista argentino graduado de la Universidad Nacional de La Plata. Comenzó su carrera en la agencia de noticias estatal Télam, entre 1987 y 1990. Entre 1990 y 1996 trabajó en el diario *El Día* de La Plata, donde se desempeñó como redactor y prosecretario de redacción.

En 1996 fue becario del Instituto para la Reconstrucción Industrial de Italia (IRI) en la RAI. Ese mismo año ingresó al diario *La Nación*, donde hizo una larga carrera ocupando diversos cargos. Fue redactor de la sección Economía entre 1996 y 2000, corresponsal en Estados Unidos entre 2001 y 2005, editor jefe de Política entre 2008 y 2012 y secretario de Redacción entre 2012 y 2022.

Cuenta con una extensa trayectoria en el periodismo argentino especializado en temas políticos y económicos.

Desde 2022 se desempeña como Director de Asuntos Corporativos de Aeropuertos Argentina.

VÍCTOR HUGO GHITTA

Víctor Hugo Ghitta es un periodista argentino, nacido en 1959, con una distinguida trayectoria en temas culturales. A lo largo de cuatro décadas, trabajó en el diario *La Nación* de Buenos Aires, donde comenzó como cronista en las secciones de Deportes y Espectáculos, abordando cuestiones de cine, música popular y medios de comunicación.

En ese medio, además, ocupó cargos de relevancia como editor y secretario de Redacción, supervisando las secciones de Cultura y Espectáculos. Durante varios años, fue autor de una columna semanal en la prestigiosa sección Manuscritos.

Ghitta también dirigió las revistas *Teatro Colón* y *Brando*, ambas publicadas por el Grupo de Revistas La Nación, donde asumió la dirección editorial. En 1998, fue nombrado director periodístico de la edición argentina de la revista *Rolling Stone*.

En televisión, condujo entrevistas a destacadas personalidades de la cultura en el ciclo Conversaciones, emitido por La Nación+, y es creador del podcast *Esta boca es mía*. En reconocimiento a su labor, fue distinguido con el Premio Konex en 1997.

JULIÁN BONGIOVANNI

Julián Bongiovanni es fotógrafo, realizador audiovisual y piloto certificado de drones. Trabajó como reportero gráfico y editor en el diario *La Nación* de Buenos Aires, durante 22 años. Publicó fotorreportajes, coberturas de shows, producciones de moda, crónicas de viajes y retratos de celebridades en revistas nacionales, latinoamericanas y españolas, como *Rolling Stone* y *Gatopardo*, entre otras. Es Licenciado en Ciencias de la Comunicación por la Universidad Nacional de Río Cuarto con un posgrado en Educación, Imágenes y Medios (FLACSO) y desarrolló experiencia como docente en ámbitos académicos. Actualmente colabora como *freelance* en la agencia de noticias Associated Press (AP), *La Nación* y realiza trabajos de comunicación audiovisual para instituciones y empresas.

MARTÍN EURNEKIAN

Martín Eurnekian es Ingeniero en Tecnología de la Información de la Universidad de Belgrano. Es CEO de Corporación América Airports (NYSE: CAAP), compañía que gestiona terminales aéreas en Argentina, Brasil, Ecuador, Uruguay, Armenia e Italia, y presidente de Aeropuertos Argentina. Fue presidente del Consejo Internacional de Aeropuertos a nivel mundial (ACI World) y actualmente integra el Consejo Internacional de Aeropuertos para América Latina y el Caribe (ACI-LAC).

LUCAS PÉREZ MONSALVO

Lucas Pérez Monsalvo es un arquitecto argentino nacido en Buenos Aires en 1968. Se graduó como arquitecto en la Universidad de Buenos Aires en 1994. Cuenta con amplia experiencia en gestión de proyectos de infraestructura aeroportuaria.

Desde 2020 es Director de Infraestructura de Aeropuertos Argentina / Corporación América en Argentina. Anteriormente, ocupó puestos gerenciales similares en las filiales de Corporación América en Brasil y Armenia. Entre sus principales proyectos se destacan la ampliación y renovación del aeropuerto internacional de Zvartnots, en Armenia, donde dirigió el equipo de diseño y la construcción. Este proyecto ganó importantes premios internacionales de arquitectura.

También ha trabajado en estudios de arquitectura relevantes en la Argentina y ha sido docente universitario. Cuenta con experiencia en diseño y gestión de una amplia variedad de proyectos como estadios, edificios corporativos, hoteles, estaciones de tren, bodegas y plantas industriales.

MARCELO MINOLITI

Arquitecto, graduado en la Universidad de Buenos Aires, Master en Diseño Industrial en Domus Academy, Milán, Italia y Master en Design Management en Pratt Institute, New York, USA. Ha desarrollado diversos cursos de Post Grado en distintas universidades en los Estados Unidos, Argentina e Italia. Fue Docente del Curso de Gestión Estratégica de Diseño, Curso de Postgrado de la FADU, UBA. Desde 1988 a 1993 se desempeñó como responsable del Departamento de Arquitectura de Cablevisión S.A. En 1989 proyecta y dirige las oficinas centrales de la Corporación Multimedios América. Entre 1993 y 1994 desarrolla el proyecto y construcción para los nuevos estudios de América TV. En junio de 1999 se incorpora a la empresa Aeropuertos Argentina 2000, donde fue Director de Infraestructura, hasta enero de 2021, responsable por el desarrollo de los distintos proyectos que llevó adelante la empresa, dentro de los cuales encontramos el Nuevo Aeropuerto de Ezeiza y el Aeroparque Jorge Newbery, los Aeropuertos de Brasilia y Natal en Brasil y el Aeropuerto de Guayaquil en Ecuador, los aeropuertos de Mendoza, Córdoba, Jujuy, Bariloche. En el año 2022 se une al Estudio Bermello-Ajamill de Miami, USA para realizar una revisión general del Proyecto de la New Terminal One del Aeropuerto JFK en New York. Desde 2023 desarrolla distintos proyectos de Arquitectura en forma independiente bajo el sello BaseSiete, entre ellos la Coordinación General del Proyecto del Nuevo Edificio para Corporación América. Ha sido disertante y conferencista en distintos foros de la industria Aeronáutica a lo largo de 21 años.

OSCAR RIERA OJEDA

Es un editor y diseñador que reside en Estados Unidos, China y Argentina. Nacido en 1966 en Buenos Aires, se trasladó a Estados Unidos en 1990. Desde entonces, ha publicado más de trescientos libros, reuniendo un notable bagaje de obras que destacan por la exhaustividad de su contenido, su carácter atemporal y su sofisticada e innovadora manufactura. Los libros de Óscar Riera Ojeda han sido publicados por numerosas editoriales de prestigio de todo el mundo, como Birkhäuser, Byggförlaget, The Monacelli Press, Gustavo Gili, Thames & Hudson, Rizzoli, Damiani, Page One, ORO Editions, Whitney Library of Design y Taschen.

Oscar Riera Ojeda es también el creador de numerosas series de libros de arquitectura en inglés y español, como *Masterpiece*, *Ten Houses*, *Contemporary World Architects*, *The New American House* y *The New American Apartment*, *Architecture in Detail* y *Single Building*. Su obra ha recibido numerosos premios internacionales, críticas en profundidad y menciones. Es colaborador y asesor habitual de varias publicaciones del sector. En 2001, Oscar Riera Ojeda fundó ORO Editions, empresa en la que fue responsable de la realización de casi un centenar de títulos. En 2008 fundó su actual empresa editorial, Oscar Riera Ojeda Publishers, una firma con quince empleados y sedes en tres continentes.

Créditos

Diseño Gráfico por Florencia Damilano
Dirección de Arte por Oscar Riera Ojeda
Revisión de Textos por Paula Galdeano

Corporación América Airports
Equipo de Producción:

María Clara Torresagasti
Victoria Santamarta
Florencia Sánchez Hirsch
Estefanía Ranni
Solange Rudi
Ruth González

Fotografías

Bongiovanni, Julián (Tapa y páginas 2, 13, 15, 16, 20, 24, 26, 27, 28, 30, 32, 33, 34, 36, 38, 39, 40, 44.2, 44.3, 50, 52, 54, 55, 56, 58, 60, 61, 62, 64, 66, 67, 72, 71, 73, 74, 75, 76, 78, 79.1, 80, 82, 84, 86, 87, 88, 90, 92, 93, 94, 96, 98, 99, 100, 101, 102, 104.2, 104.3, 104.4, 105.1, 105.2, 105.3 y 198)
Santos, Milca (pág. 6, 133.1, 134, 136, 137 y 138)
Cuesta, Tomás (pág. 10)
Menezes, Felipe (pág. 19)
Vidal, Jorge (págs. 42, 44.1, 45, 46, 48, 49, 50, 70, 103.2 y 105.4)
Jones, Adán (págs. 65, 68 y 69)
Minoliti, Marcelo (págs. 79.2 y 200)
Hakobyan, Davit (págs. 110, 111, 112, 114 y 115)
Nersesyan, Aram (págs. 122, 124.1 y 125)
Santos, Milca (págs. 128, 131.1, 132, 134, 135 y 136)
Coelho, André (págs. 130 y 131.2)
Añazco Lalama, Diego (págs. 142, 143, 144, 145 y 146)
Clery, Hans (págs. 148, 150.1, 151, 153.1, 154.2 y 157.2)
Camhi, Franck / Shutterstock (pág. 150.2)
Álvarez, Mario (págs. 153.2, 154.1, 155.2 y 156)
Medios Plus (pág. 152)
Giovannini, Claudio (págs. 160, 162.1 y 163)
Balasko, Rudy / Shutterstock (pág. 162.2)
Muzzi, Fabio (págs. 164, 166 y 167)
Eskystudio / Shutterstock (pág. 172.2)
San Antonio Studio (págs. 180 y 183.1, 192.1 y 192.2)
Quincke, Alfonso (pág. 182.1)
Nova Haus (págs. 182.2, 182.3, 183.2, 190.2 y 191.2, 192.3)
Capurro, Biru (págs. 184 y 186)
Heslop, Manuel (pág. 187.1 y 193)
Razquin, Juan (pág. 187.2)
Malvar, Agustina (pág. 188)

OSCAR RIERA OJEDA
PUBLISHERS

Copyright © 2025 by Oscar Riera Ojeda Publishers Limited
ISBN 978-1-964490-03-8
Published by Oscar Riera Ojeda Publishers Limited
Printed in China

Oscar Riera Ojeda Publishers Limited
Unit 1331, Beverley Commercial Centre,
87-105 Chatham Road South, Tsim Sha Tsui, Kowloon, Hong Kong

Production Offices
Suit 19, Shenyun Road,
Nanshan District, Shenzhen 518055, China

International Customer Service & Editorial Questions: +1-484-502-5400

www.oropublishers.com | www.oscarrieraojeda.com
oscar@oscarrieraojeda.com

All rights reserved. No part of this book may be reproduced, stored in a retrieval system, or transmitted in any form or by any means, including electronic, mechanical, photocopying or microfilming, recording, or otherwise (except that copying permitted by Sections 107 and 108 of the U.S. Copyright Law and except by reviewers for the public press) without written permission from the publisher.